SAMSON

PARIS. — TYP. WALDER, RUE BONAPARTE, 11.

Carey del et sc.   Bad...gue Impr. du Four 56 63 Paris

SAMSON

LES CONTEMPORAINS

SAMSON

PAR

EUGÈNE DE MIRECOURT

PARIS

J.-P. RORET ET COMPAGNIE, ÉDITEURS

RUE MAZARINE, 9

1854

A M. ÉMILE DE GIRARDIN.

Prison de Clichy, 2 novembre 1854.

Monsieur,

Depuis hier, j'ai l'inappréciable avantage d'être logé à vos frais dans l'intérieur de la prison pour dettes.

C'est très-aimable à vous, monsieur, de vouloir bien donner, en ma personne, ce grand exemple au monde.

. Vous allez me demander sans doute pourquoi je ne me suis pas prêté plus tôt et de meilleure grâce au désir que vous aviez depuis si longtemps de me procurer un abri? Je m'empresse de vous

fournir à cet égard des explications qui
ne manqueront pas de vous satisfaire.

Avant de vous être agréable, j'ai eu la
faiblesse de songer à mes lecteurs.

Ils sont nombreux, et franchement
vous en êtes un peu cause.

Votre bienveillance, noblement tyran-
nique, ne m'aurait point permis de sortir
pour aller chercher à la bibliothèque
les matériaux qui me sont indispensa-
bles. Je vous connais, monsieur. Vous
ressemblez aux montagnards écossais :
chez vous, l'hospitalité se donne ; je
dis plus, elle s'impose, et je n'aurais
pas été libre d'échapper à l'obstination
de vos bienfaits.

En attendant qu'il me fût possible
de les accepter d'une manière défini-

tive, je voulais rassembler toutes mes
notes.

Elles sont prêtes. Je vais travailler
sans obstacle sous les murs de la charmante retraite que vous avez daigné me
choisir, et où je pense à vous dans le
calme et dans le recueillement.

Tous mes petits volumes, à l'avenir,
vous en porteront la preuve. A générosité sans bornes, gratitude inépuisable.

Désirez-vous, monsieur, quelques autres explications?

Il vous paraît bizarre, on me l'affirme,
que j'accepte aussi joyeusement votre
despotisme hospitalier. Ah! monsieur,
c'est dans votre intérêt, je vous le jure!
Déjà plusieurs fois je l'ai dit, et je le

répète : il me semble curieux, il me
semble moral de montrer à la France
et à l'Europe comment l'illustre apôtre
de la *liberté illimitée* et du *droit de
tout dire* applique ses doctrines.

C'est une raison, n'est-ce pas ?

Si vous êtes partisan de la liberté illimitée, je professe à mon tour une opi-
nion, que vous auriez tort de trouver
déraisonnable, car elle est sœur du *droit
de tout dire*. Vous êtes trop ami de la
bonne foi pour me chercher noise là-
dessus, monsieur. Par exemple ! qui ose-
rait vous soupçonner d'inconséquence
et vous accuser de revirement?

Donc, permettez-moi de vous en faire
l'aveu : lorsqu'il s'agit d'un personnage

public, je suis pour la *vérité illimitée.*

Qu'on défende à la plume du biographe de s'exercer sur l'histoire des citoyens paisibles, obscurs, inoffensifs, rien de mieux ; que les tribunaux les vengent, si l'on pénètre dans le sanctuaire de leur vie intime, c'est à merveille. Mais pour ce qui est des citoyens hardis, entreprenants, querelleurs, brouillons ; de ces hommes qui attaquent la société en face, y portent le marteau sans gêne, et veulent la reconstruire au gré de leurs petits besoins, de leurs petites rancunes, de leurs petits caprices.... halte-là, monsieur !

Vous n'allez pas nous défendre, j'imagine, de combattre ces combattants, de harceler ces agresseurs ?

Il faut bien leur éclairer le visage.

Eux-mêmes se placent sur un piédestal, c'est pour être vus, pour être étudiés, pour être soumis à l'analyse.

Allons, allons, point de coquetterie, à bas les masques!

Voyons qui vous êtes, beaux prédicateurs!

Partout et sans cesse vous vous escrimez de la langue et de la plume; vous faites une religion, vous cherchez des prosélytes... Eh! corbleu! montrez-vous, gracieux apôtres!

Votre vie est-elle pure? vos actes sont-ils irréprochables? votre honneur est-il sans tache?

La vérité, toute la vérité sur vous!
Que le portrait soit ressemblant, qu'on

vous reconnaisse à coup sûr, mes
maîtres.

Or, dans ce cas, il faut payer le
peintre, et ce n'est point au peintre à
payer. Ceci me paraît dans les limites
du droit le plus simple et le plus vul-
gaire.

A présent, monsieur, comprenez-vous
pourquoi j'accepte votre hospitalité?

Mais ce n'est pas fini. Tous les motifs de mon refus de payement ne vous
sont pas connus. Il en est un bien
grave, et je le soumets à votre loyale et
consciencieuse appréciation.

Supposez que je me résigne à solder
ce maudit compte, simple hypothèse!

Eh bien, mon hôte, c'est impossible.

On me prend trop cher, beaucoup trop cher. Douze cents francs, miséricorde ! pour trois modestes insertions dans les journaux, et quand un de ces journaux se nomme *la Presse*, quand il doit toucher quatre cents francs pour sa part? Merci !

Nous connaissons les rubriques.

Il est avec les agents d'annonces une multitude d'accommodements. On n'est pas juif à ce point. Quels bourreaux ! Priez-les de nous écorcher un peu moins, cher hôte.

Douze cents francs? Cent écus, monsieur Purgon, s'il vous plaît !

Que la rédaction de la *Presse* gagne de l'argent à la Bourse, rien de plus juste, rien de plus honnête. Qu'elle bâtisse des

villas aux Champs-Élysées avec le trois
pour cent et le Strasbourg, bravo !

Mais avec nos deniers, fi !

Presse, ma mignonne, vous êtes folle.

Où diable avez-vous appris qu'un mal-
heureux écrivain ait jamais eu douze
cents francs en poche? Ces pauvres petits volumes à *cinquante centimes* n'ont
pas encore enrichi, que je sache, mon
éditeur. Il affirme que les bénéfices
sont plus que médiocres, et si la bourse
du libraire est vide, jugez de celle de
l'auteur !

Bref, je ne paierai donc pas, cher
hôte.

Avouez que toutes les raisons que je
vous donne là sont concluantes. J'ai à

satisfaire à des créances plus sérieuses, plus sacrées et plus saintes. Vous m'approuvez, j'en suis certain, de ne pas jeter à ces insertions gourmandes les modestes bénéfices de ma plume, le bien-être de ma famille, le pain de mes enfants.

Me voilà, grâce à Dieu et grâce à vous, bien rassuré contre les poursuites.

J'ai coulé tous mes vaisseaux à l'entrée du port. Mon Sébastopol à moi est imprenable. Ce n'est pas comme l'autre. Je suis parfaitement tranquille, les flottes ennemies n'en approcheront pas.

Votre barque elle-même, ô grand Émile, cette barque légère qui vogue si lestement entre les principes, sans jamais couler à fond dans le trajet de l'un à l'autre ; cette barque dont les voiles ont été caressées par toute la rose des vents et qui touche à tant de rivages, ne peut entrer que sur ma permission expresse dans mon anse solitaire.

Mais Dieu me préserve d'être ingrat !

J'ouvre pour vous tous les passages, mon cher hôte, et je lève tous les obstacles.

Accourez promptement.

Venez, ô sublime Écossais ! venez rendre visite à votre pensionnaire. Je brûle de vous adresser mes félicitations et de vous prodiguer les témoignages de mon inaltérable et profonde estime.

Vous êtes beau, vous êtes généreux,

vous êtes adroit, vous êtes logique, Émile, et je vous aime!

N'abusez point de cette confidence. A bientôt.

EUGÈNE DE MIRECOURT.

SAMSON

Le premier théâtre du monde est sans contredit le Théâtre-Français

Depuis Molière, notre maître à tous, le culte de l'art et des saines traditions a trouvé là de fervents disciples.

C'est le temple solennel où la gloire distribue ses palmes ; c'est l'immense

2

et magnifique école où se donnent les
leçons du goût ; c'est le musée précieux
où se conservent les chefs-d'œuvre.

Une foule d'artistes éminents y servent d'interprètes au génie et doublent
sa puissance.

Entre les plus célèbres et parmi ceux
que la nature a doués du mérite le plus
rare, de l'organisation dramatique la
plus intelligente, on doit placer en première ligne Joseph-Isidore Samson [1].

---

[1] « Nous prions le public de remarquer, dit M. Louis
Huart dans la *Galerie de la Presse*, qu'il n'y a aucun
lien de parenté entre l'acteur de la rue Richelieu
et l'acteur du même nom, qui, en 1797, jouait le
principal rôle dans le mélodrame ayant pour titre *la
Terreur*, et qui faisait chaque jour une sanglante
besogne sur l'échafaud permanent de la place de la
Révolution. » Le nom, du reste, s'écrit d'une manière
différente.

Né à Saint-Denis, à deux lieues de la capitale, en juillet 1793, il fut le dernier des enfants de la paroisse qui reçurent, à cette époque, l'eau sainte des mains d'un prêtre.

Immédiatement après son baptème, un membre du comité de salut public ferma les portes de l'église, interdit l'exercice du culte, et fit enlever le curé de Saint-Denis pour le jeter dans les cachots révolutionnaires.

Les parents de Samson tenaient un café et un bureau de petites voitures pour Paris.

Ayant réalisé quelques bénéfices, ils transportèrent, deux ou trois ans plus tard, leur industrie à Paris même, rue Montorgueil.

On rouvrait alors les temples chrétiens.

Les cérémonies religieuses eurent pour l'enfance tout le piquant de l'imprévu, tout le charme de la nouveauté.

Samson fit plus d'une fois l'école buissonnière dans l'unique but d'entendre la messe à Saint-Eustache.

Il assistait avec une régularité scrupuleuse aux saluts, aux prônes, aux enterrements, aux baptêmes, aux mariages. Quand il revenait à la maison, c'était pour arranger sur sa poitrine et sur son dos des serviettes en forme de surplis. Sous ce costume, et coiffé d'un bonnet carré en papier noirci, le jeune apôtre prêchait la passion aux cochers de son père, ou leur expliquait l'Ancien Testa-

- ment et les Évangiles, en leur donnant
du *mes très-chers frères* avec un sérieux
imperturbable.

Au lieu d'être acteur, Samson serait
prêtre aujourd'hui, sans un pédagogue
brutal, partisan déclaré des coups de
palette, et pourvu d'un martinet à nœuds
serrés, dont son élève garde triste souvenir.

- Ce maître d'école était un ancien ja-
cobin.

Dans les visites perpétuelles de l'enfant à l'église, il trouvait double crime,
et lui infligeait punition double.

Tous les samedis, après la classe, il y
avait une séance terrible. Les élèves
condamnés au fouet devaient, sous les
yeux de leurs camarades, se mettre à

genoux la face contre terre, et culotte .
bas.

Jamais Isidore-Joseph Samson n'était
au nombre des spectateurs.

Pour le guérir de ses goûts ecclésias-
tiques et de sa vocation naissante, le féroce clubiste lui administrait les volées
de martinet les plus rudes.

Tant enfin que le pauvre enfant écla-
tait, tous les lundis, en sanglots, lorsqu'il
s'agissait de reprendre le chemin de l'é-
cole.

Il finit par avouer les exécutions nom-
breuses dont il était victime.

M. Samson père alla souffleter le
maître d'école bourreau, lui jeta l'argent
de son dernier mois au visage, et conduisit Isidore dans un pensionnat do

Belleville, où l'éducation se transmettait par des procédés plus décents et plus doux.

Heureux de se voir à l'abri de la férule et des coups de lanière, Samson devint un excellent élève.

Il était le premier de sa classe et montrait une application merveilleuse au travail.

Agé de dix ans à peine, il avait déjà beaucoup de sérieux dans le caractère.

Un jour, le *De Viris* lui ayant appris qu'il fallait à une âme forte un corps robuste et capable de supporter les privations, il se condamna pendant vingt-quatre heures au jeûne le plus absolu et s'abstint toute une semaine de jouer aux barres.

Ce fut à ce pensionnat que Samson connut pour la première fois le baron Taylor.

Les deux élèves de Belleville sont restés unis, depuis cette époque, par une inaltérable amitié. Constamment on les a vus sur la brèche ensemble, quand il s'est agi d'y planter le drapeau de l'art et d'emporter d'assaut quelque réforme utile aux artistes, leurs frères.

Un concours de circonstances fâcheuses empêcha Samson de continuer ses classes.

Malgré beaucoup d'efforts et beaucoup de travail, ses parents n'arrivaient point à la fortune.

Décidés à placer leur fils dans une maison de commerce, ils le retirèrent de.

pension, au moment où il allait com-
mencer sa sixième. Ils avaient obtenu,
non sans peine, du curé de Belleville
qu'Isidore serait admis à la première
communion avant ses douze ans révo-
lus.

L'enfant regrettait le pensionnat et ses
chères études ; il dévorait tous les livres
qui lui tombaient sous la main.

Le catéchisme lui sembla moins at-
trayant que certain volume des Satires de
Boileau, dont un de ses camarades lui
proposait l'échange contre un couteau
de poche.

Notre néophyte conclut sur-le-champ
ce marché précieux.

Or, comme la chose se passait à l'église,
le vicaire de la paroisse administra des

soufflets au vendeur et à l'acheteur ;
puis il les contraignit à rester à genoux
pendant toute la durée du catéchisme.

Une lettre de Samson, que nous avons
sous les yeux, mentionne cette particu-
larité de son enfance.

« Je ne sais, dit-il, si ce souvenir est sorti
de la mémoire de mon condisciple, qui est
devenu, depuis, un grave et pieux magistrat
dans le département du Nord ; mais il me semble, pour ma part, que le soufflet du vicaire
me brûle encore la joue. Ce prêtre avait une
main de crocheteur. Ainsi, à trois années de
distance, je reçus le fouet pour avoir été
trop religieux, et l'on me souffleta pour ne
l'être plus assez. »

Le commerce était antipathique à tous
ses goûts.

Il s'enfuit du magasin où on l'avait

pris au pair; et, comme ses parents quit-
taient Paris; afin d'aller dans le département de Seine-et-Oise fonder une nouvelle entreprise, il voulut les accompa-
gner.

Ceux-ci établirent à l'abbaye d'Hyères,
aux environs de Corbeil, une filature qui
acheva leur ruine.

Dazincourt, de la Comédie-Française[1],
avait à Hyères même sa maison de campagne, et celle de Talma se trouvait à
Brunoy, tout à fait dans le voisinage.

Samson, qui entendait parler chaque
jour de ces acteurs célèbres, désirait
ardemment les rencontrer et les voir.

[1] Cet acteur a joué le premier le rôle de Figaro,
dans *le Mariage*, en 1784.

— Ne seriez-vous pas M. Dazincourt?
demandait-il, avec sa naïveté d'enfant
curieux, à chaque personnage inconnu
qui venait à lui.

Sur la réponse négative du passant, il
reprenait :

— Alors, vous êtes M. Talma?
Ce n'était ni l'un ni l'autre.

Samson, trompé dans son espoir, rentrait à la filature et relisait pour la ving-
tième fois les pièces de théâtre où on
lui avait dit que les deux comédiens
jouaient un rôle.

Ainsi commencent les vocations.

Le hasard les fait naître, et les obstacles qu'on y oppose servent à leur donner de la puissance.

Fatigué de voir son fils éternellement
plongé dans Racine ou dans Beaumar-
chais, M. Samson l'envoya travailler
chez un avoué de Corbeil.

Cet avoué possédait une bibliothèque
très-riche en œuvres théâtrales.

Six mois après, le nouveau clerc sut
toute la bibliothèque par cœur. Il lisait
Molière et Corneille à la femme de son
patron, lui déclamant les plus belles
scènes et les jouant avec beaucoup de
naturel et de feu.

Quand celle-ci donnait soirée, le principal divertissement de la fête était de
faire entendre à la haute bourgeoisie
de Corbeil celui qu'on nommait le *petit
acteur*.

— Vous perdez l'avenir de ce garçon-

là, dit, un soir, à la maîtresse du logis
un vieux notaire. de l'endroit. Tu ne
gagneras pas le sou, bonhomme, si tu
te fais comédien, ajouta-t-il. en pre-
nant Samson par le bout de l'oreille.
Tâche plutôt d'être avocat. Du reste, les
deux métiers se ressemblent.

— Ah ! fit Samson.

— Mon Dieu oui ! C'est une affaire de
langue et de bras, de belles paroles. et
de grands gestes d'un côté comme de
l'autre.

— Puisqu'il en est ainsi, je veux bien
être avocat, dit le clerc.

— Voilà qui est entendu. Je me charge
de te donner les premières notions du
droit. Laisse là ton théâtre.

Le lendemain, Samson reçut du vieux

notaire un volume des *Institutés de Jus-
tinien*, qu'il se mit à copier et à tra-
duire, en se rappelant le peu de latin
qu'il avait appris.

Il étudia Cujas; il approfondit Bar-
thole.

A chaque audience du tribunal, il
écoutait les plaidoiries, et cherchait ensuite à les reproduire, afin de s'exercer
aux allures du barreau.

Ces essais d'éloquence avaient lieu à
la cuisine.

Lorsque l'avoué se trouvait absent, le
clerc intrépide s'affublait de la robe
noire, de la toque et de la bavette pour
donner aux domestiques un échantillon
de son talent oratoire.

— Hein ! Madeleine, qu'en penses-
tu ? demandait-il à la cuisinière.

Celle-ci l'écoutait bouche béante.

— Dame ! ce n'est pas pour dire... mais
vous parlez mieux que le patron ! ré-
pondait Madeleine.

Ce dialogue fut un jour entendu de
l'avoué, qui rentrait à l'improviste.

L'audace du clerc servit-elle de pré-
texte à son renvoi ? Nous ne le pensons
pas ; il est à présumer que sa famille,
après avoir liquidé les désastreuses
opérations de la filature, le ramena de
Corbeil à Paris.

Nous retrouvons notre héros en 1310.

Il tient les registres d'un bureau de
loterie, à la Croix-Rouge.

— Hélas! pense-t-il avec douleur, je ne serai ni comédien ni avocat!

Toutes ses espérances lui semblent détruites, tous ses rêves d'avenir sont chassés par un triste réveil.

La maîtresse du bureau de loterie, excellente femme, cherche à lui rendre du courage. Deux ou trois fois la semaine, elle l'autorise à fermer de bonne heure et lui donne, en outre, une gratification qui lui permet d'aller s'asseoir au parterre de la Comédie-Française.

Cela coûte deux francs vingt centimes

Samson porte le lendemain sur ses registres le prix de la place aux profits et pertes, et fait à sa patronne un récit

3

pompeux des impressions de la veille.
Il connaît enfin Dazincourt! il a vu
Talma! Le théâtre est supérieur au bar-
reau. Vive le théâtre !

Jusque-là sa famille a combattu ses
idées, en les taxant d'extravagance ;
mais elle cède à une vocation qui per-
sévère avec tant d'énergie.

Le jeune homme entre au Conservatoire.

Il y avait alors quatre professeurs de
déclamation : Fleury, Lafon, Talma et
Baptiste aîné.

Notre héros est admis dans la classe
de Lafon.

Ce maître habile ne tenait que mé-
diocrement compte du goût des élèves
et de leur sympathie pour tel ou tel

rôle ; il examinait les ressources de leur organe, la tendance ou le développement de leur nature physique, et les dirigeait presque toujours dans une route contraire à celle qu'ils voulaient suivre.

Samson demandait à étudier les grands rôles tragiques : le professeur s'y opposa et lui fit apprendre l'emploi des comiques.

Bientôt le jeune homme fut regardé comme un des premiers sujets du Conservatoire.

Deux autres élèves distingués devinrent ses camarades intimes. Le premier se nommait Perlet; le second s'appelait Raymond : celui-ci fréquentait le

cours de Talma ; Perlet suivait la classe
de Baptiste aîné.

Nos trois amis avaient des mœurs
paisibles, un caractère loyal, une âme
affectueuse ; ils devinrent inséparables.

Chaque jour, en sortant du Conservatoire, ils allaient faire ensemble de
longues promenades fraternelles, se
communiquant leurs joies et leurs
peines, leurs désappointements et leurs
espérances. Ils se consolaient, s'encoura-
geaient, s'excitaient aux luttes présentes
et aux luttes de l'avenir.

Si parfois, chose rare, le gousset de
l'un d'eux se trouvait garni de quelques
pièces blanches, ils allaient dîner ensemble dans un cabaret modeste.

Une omelette, assaisonnée d'une bou-

teille de gros vin bleu; composait le
menu du repas, et; pour achever de se
rassasier, notre trio de comédiens en
herbe passait en revue l'ancien et le
nouveau répertoire; lisait des vers ou se
chamaillait sur des questions de haute
littérature.

Quelquefois, à l'heure du dîner; toutes
les poches étaient vides.

— Diable! murmurait Samson, je n'ai
pas un centime vaillant.

— Ni moi, disait Perlet d'un air pi-
teux.

— Ni moi; soupirait Raymond

— Bah! s'écriaient-ils en chœur, parlons théâtre!

Et bras dessus, bras dessous, ils ar-
pentaient quelque avenue solitaire des

Tuileries ou des Champs-Élysées, riant,
causant, discutant, déclamant, ne son-
geant plus à la faim.

Heureuse époque !

Les temps et les hommes sont bien
changés. Notre jeunesse actuelle ne se
console pas aussi philosophiquement
d'une omelette absente.

Que voulez-vous ? cet aimable socialisme lui a dessillé les yeux.

Il est reconnu maintenant, il est prou-
vé que personne, en ce monde, ne doit
avoir à combattre les premières difficul-
tés de l'existence. Les âmes n'ont plus
besoin de s'affermir dans la lutte et de
se tremper dans l'infortune.

Une bourse pleine, corbleu ! des plai-
sirs, des jouissances, de bons dîners !

Lorsque nos héros modernes manquent de tout cela, ils jettent un haineux coup d'œil aux carrosses qui passent, grincent des dents à l'étalage de Chevet, ne se tiennent plus de colère et s'écrient :

— Canailles de riches !

— Société mal faite !

— Tôt ou tard il faudra la démolir !

Ainsi diffèrent les dialogues, suivant les opinions et les circonstances.

Le progrès marche. On ne dit plus : Parlons théâtre, parlons littérature. Surtout on se garde bien de dire : Parlons raison.

Nos élèves du Conservatoire ne connaissaient rien du socialisme. Ils se fiaient tout bonnement à la Providence, qui ne les abandonnait jamais.

De temps à autre, on sollicitait pour
eux quelque encouragement au minis-
tère.

Ils avaient l'estime et l'affection de
leurs professeurs.

Un des trois amis fut arrêté par la
mort au seuil de sa carrière : il était
âgé de vingt-deux ans.

Nous parlons de Raymond, que Talma
nommait son fils, qu'il emmenait avec
lui dans ses tournées de province pour
ne jamais le perdre de vue, pour le diriger sans cesse; de Raymond que la nature avait doué d'une intelligence fine
et délicate, d'un organe merveilleux,
d'une distinction charmante et d'une
sensibilité exquise.

Il mourut entre les bras de ses deux camarades et de son maître.

Cette perte cruelle acheva de rendre indissolubles les liens qui unissaient les survivants. Le jour où Samson dut satisfaire à la loi de la conscription, Perlet lui donna une preuve d'amitié véritablement héroïque.

Voici l'anecdote, telle que nous l'avons entendu raconter par un vieil artiste qui suivait, en 1812, la classe de Baptiste aîné.

Perlet passait généralement pour le meilleur élève du Conservatoire.

Samson ne venait qu'en seconde ligne.

Aux matinées dramatiques du diman-

che [1], les spectateurs applaudissaient
Perlet avec enthousiasme. Dans les rôles comiques, il obtenait un succès à
tout rompre.

On était à l'époque de la campagne de
Russie.

Samson n'avait qu'un moyen de se li-
bérer du service militaire : ce moyen con-
sistait à arriver en première ligne parmi
les lauréats du concours.

Mais, son ami présent, la chose deve-
nait impossible.

Que fait le généreux Perlet?

Simulant une fluxion de poitrine, il

[1] Le Conservatoire donnait, pendant l'été, des
exercices publics composés de scènes d'opéra, d'opéra-
comique, de tragédie et de comédie. Ces exercices
avaient lieu dans la salle des concerts.

s'abstient de paraître à l'heure de la lutte,
et laisse à Samson la certitude de vaincre.

Pour qui connaît l'orgueil proverbial
de la presque universalité des comédiens et leur vanité jalouse, un pareil
acte semblera, comme à nous, au-dessus
de toute louange.

— Mon sang, oui, nous disait en terminant l'anecdote, le vieil élève de
Baptiste, je l'aurais donné de grand
cœur à un camarade ; mais lui abandon-
ner mes palmes au Conservatoire,
jamais !

L'exemption du lauréat fut signée de
la main de Marie-Louise [1].

---

[1] Samson fut admis, en outre, au nombre des dix-
huit pensionnaires pour chacun desquels le décret de
Moscou venait de fonder une bourse au Conservatoire.

Deux ans plus tard, Samson, après
avoir achevé ses études dramatiques,
prit pour femme une aimable et jeune
actrice, qui était elle-même un premier
prix de l'école et qui sortait de la classe
de Fleury.

Ils allèrent jouer la comédie ensemble
en Bourgogne et en Franche-Comté.

Nos lecteurs savent peut-être que le
plus redoutable des théâtres de province, celui dont le parterre se signale
par les exécutions les plus cruelles, est
le théâtre des Arts, à Rouen.

C'est un ogre qui dévore tout. Les comédiens en ont une peur affreuse.

Donc on jugera de l'effet produit sur
notre héros par la lettre suivante, qu'il

reçut, à son retour de Dijon, du four-
nisseur en titre des directions de province :

« Mon cher ami,

« Le premier comique de la troupe de
Rouen vient de tomber à plat. Voulez-vous
risquer le paquet ?

« VANHOVE. »

Samson trembla, comme s'il venait de
lire une menace de mort. Le succès de
sa première tournée devait cependant
lui donner quelque assurance. On lui
avait prédit en Bourgogne qu'il deviendrait avant peu sociétaire de la Comédie-Française.

Mais une chute à Rouen pouvait re-
culer à l'infini cette brillante perspec-
tive.

—. N'importe, s'écrie Samson, dominant ses craintes et reproduisant la phrase triviale de Vanhove : *Je risquerai le paquet !*

Il laisse à Paris sa compagne.

C'est le parti le plus sage.

Au lieu de deux épouvantes, il vaut mieux n'en avoir qu'une, en s'exposant là-bas, aux tempêtes rouennaises.

Il prend la diligence et arrive sur la scène redoutée de ses débuts, où il est soumis à l'épreuve le même jour que mademoiselle Moore, cantatrice de mérite, qui devait changer son nom l'année suivante, pour s'appeler mademoiselle Pradher à l'Opéra-Comique et faire les délices des dilettanti de la capitale.

Mademoiselle Moore débute dans *le Calife de Bagdad*; Samson, dans *les Fourberies de Scapin*.

Lorsqu'il se trouve en présence de ce parterre éternellement debout [1] et qui s'agite comme une mer houleuse, le frisson lui court dans les veines.

Il parle néanmoins ; il cherche à s'enhardir et lance ses effets.

Un mouvement électrique se produit dans la salle. Ce mouvement semble de bon augure ; mais des *chut* accen-

---

[1] La ville de Rouen vient seulement, il y a peu de mois, de faire pour ces spectateurs fatigués d'être sur leurs jambes le sacrifice de quelques banquettes. Chose étrange, ces mêmes hommes qui, debout, se montraient des tigres, sont devenus, depuis qu'ils sont assis, de véritables moutons.

tués, sortis de la masse noire et profonde du parterre, imposent durement
silence aux spectateurs bénévoles, et
brident leur gaieté naissante.

« Je n'ai pas eu l'ombre de réussite.
Four complet! » écrit le lendemain
Samson à sa femme.

Celle-ci lui répond à deux jours
de là :

« Rassure-toi; ton directeur affirme à
Vanhove que l'impression est excellente.
Tu vas être engagé pour un an. Je puis
te rejoindre. »

Samson tombe de son haut.

Il s'émerveille de la manière originale
et peu usitée qu'adopte le parterre de
Rouen pour témoigner aux artistes son
admiration et sa sympathie.

Pendant six mois environ, la même froideur l'accueille dans ses rôles [1].

Enfin, mademoiselle Mars étant venue donner des représentations dans la cité normande, le jeune acteur la seconde d'une manière si intelligente et avec une verve si comique et si soutenue, que le parterre rompt la glace et daigne lui accorder des applaudissements aux côtés de la grande actrice.

A dater de ce jour, et pendant trois années consécutives, Samson devient l'idole des Rouennais.

Devant eux il joue tout le répertoire de la Comédie-Française.

[1] Un ex-journaliste de Rouen nous écrit : « Il n'y avait dans l'accueil fait à Samson aucune malveillance. On se défiait seulement de sa jeunesse. Agé de vingt-trois ans, il ne paraissait pas en avoir dix-huit. »

4

Il a près de lui de vieux acteurs so-
lides sur les planches, et qui lui viennent en aide avec la sagesse de l'expérience et le dévouement le plus
amical.

C'est Corréard, le directeur de la
troupe; très-fort dans les *Crispins*;
Granger, surnommé le rival de Fleury;
madame Duversin, la duègne émérite ;
mademoiselle Fabre, une des meilleures
soubrettes de l'époque; et Biez, acteur
d'opéra comique.

A chaque nouveau rôle abordé par
Samson, Biez va se placer à l'orchestre
des musiciens, étudie le jeu de son camarade, et remonte dans les coulisses,
pendant les entr'actes, pour lui adresser
des observations extrêmement judicieu-

ses, que ce dernier se hâte de mettre à
profit.

En 1818, l'Odéon brûle.

Une ordonnance du roi le fait rebâtir,
et les acteurs incendiés jouent provi-
soirement au théâtre Favart.

La renommée du jeune comique de
Rouen éveille l'attention des directeurs
de Paris.

Picard, alors à la tête du second Théâtre-Français, propose à Samson des débuts. Celui-ci accepte ; demande un
congé ; vient se faire applaudir du public parisien [1], signe son engagement
avec Picard ; retourne en Normandie

[1] Il joua Lubin dans *la Bonne Mère*, Dubois dans
les Fausses Confidences, Pavaret dans *le Collatéral*
et Pasquin dans *les Jeux de l'Amour et du Hasard*.

achever l'année dramatique, adresse ses
adieux au terrible parterre, et entre à
l'Odéon, le 30 septembre 1819.

La salle est magnifiquement recon-
struite. On ouvre par *Venceslas* et *l'École
des Maris.*

Dans la seconde pièce Samson joue
Ergaste, rôle de peu d'importance; mais,
deux jours après, on annonce *les Fourberies de Scapin*, et, dans cette amu-
sante sotie de Molière, il déploie une
originalité bouffonne, une verve de bon
aloi qui, d'un seul coup, le placent à la
tête des comiques de la troupe.

Chaque jour l'ancien répertoire le fait
applaudir.

Le nouveau répertoire vient à lui.

On met en scène *les Comédiens*, de

Casimir Delavigne ; Samson joue le rôle
de Dalainval dans le prologue, et celui
de Belrose dans la pièce [1].

Depuis son entrée au Conservatoire,
il a complété largement par la lecture et
l'étude une éducation d'abord impar-
faite.

Ses triomphes d'acteur ne lui suffi-
sent plus.

Il ambitionne une gloire plus grande,
il veut obtenir du public une double
couronne. Dans le silence des nuits , en
secret, il travaille avec ardeur et termine

---

[1] Avec Belrose, ses créations les plus marquantes
à l'Odéon sont : Lambert du *Voyage à Dieppe*, Bour-
deuil des *Deux Ménages*, Miller d'*Amour et Intrigue*,
Molen du *Présent du Prince*, Remi de *l'Artiste am-
bitieux*, Robert de *l'Écolier d'Oxford*, Courville des
Deux Candidats, Arthur de *Luxe et Indigence*, etc.

un acte en vers, qu'il se propose de lire
au comité.

Craintif, et se défiant de lui-même, il
soumet d'abord son œuvre à M. Alfred
de Wailly.

L'ex-proviseur du collége Henri IV
trouve la pièce charmante.

Néanmoins le timide auteur n'ose pas
encore aborder ses juges. Il porte son
manuscrit à Picard, qui vient de se
démettre de toutes fonctions administra-
tives au théâtre, mais qui lui continue
sa bienveillance et lui donne des preuves
d'amitié sincère.

—Je vous en conjure, dit Samson,
montrez-vous impitoyable dans la critique. Ne me ménagez pas. Brisez la

plume entre mes doigts, si vous trouvez
que j'ai eu tort de m'en servir.

— Bien, c'est convenu, dit Picard.

Le lendemain, Samson retourne chez
son aristarque. Il tremble comme un
coupable en tirant le cordon de la son-
nette.

Picard ouvre lui-même.

— Bravo! mon ami, dit-il, vous avez
fait un délicieux petit chef-d'œuvre!

Et, de l'air le plus aimable, il lui cite
une tirade entière de son acte.

— Voyez Andrieux, ajoute Picard: il
est meilleur poëte que moi; peut-être
vous signalera-t-il dans le vers quelques
imperfections qui m'échappent. Lisez
ensuite sans aucune crainte, et comptez
sur un succès.

Du logément de Picard, Samson court à l'adresse d'Andrieux.

Le père d'*Anaximandre* ne se montrait pas prodigue d'éloges. Il avait même dans l'esprit un instinct de rivalité jalouse qui le portait presque toujours à éloigner du théâtre ses jeunes confrères et à déprécier leurs productions.

Nos lecteurs se souviennent qu'il condamna Balzac à n'être jamais qu'un écrivain médiocre.

Heureusement, l'auteur d'*Eugénie Grandet* se pourvut en appel devant le public, et le public lui donna gain de cause.

Andrieux se montra plus juste envers le protégé de Picard, soit qu'il fût dans un de ses rares moments de loyale critique, soit qu'il ménageât l'acteur dans l'écrivain.

— Il paraît, dit-il à Samson, que vous avez fait de bonnes études ?

— Non, vraiment, répondit celui-ci. Je n'ai pas même achevé ma sixième.

—Alors vous êtes bien organisé. Votre travail est remarquable. Continuez d'écrire pour le théâtre.

Samson porte son œuvre au comité de lecture.

Elle est reçue avec acclamation, mise à l'étude à l'instant même et jouée avec succès. La double couronne est conquise; l'auteur et l'acteur sont vivement applaudis.

Il est bon de signaler, en passant, que

la pièce avait pour titre *la Fête de Molière* et non *la Tête de Molière*, comme
l'affirme M. Louis Huart dans la *Galerie
de la Presse*.

Affriandé par les bravos, Samson cherche naturellement à en obtenir d'autres.
Picard, son conseiller et son modèle,
ne tarde pas à le voir arriver chez lui
avec un nouveau sujet dramatique.

— Bon plan, scènes comprises, dit
le vieil écrivain ; brodez sur ce cane-
vas et apportez-moi les actes à mesure.

— Permettez, objecte Samson, je n'ai
point encore mon dénoûment.

— Ne vous en inquiétez pas, je m'en
charge.

Moins de quarante-huit heures après,
l'auteur lui montre un acte terminé. Pi-

card lit et approuve. Le second acte, mis
sur le chantier, se confectionne avec la
même vitesse.

— Et mon dénoûment, cher maître?
demande Samson.

— Je l'ai trouvé, répond Picard, mais
il n'est pas fameux. Prenez-le toujours,
et achevez la besogne.

Une fois les trois actes sur pied, Samson, par le conseil de son mentor, orga-
nise une lecture préalable devant un
cénacle d'amis. La pièce est trouvée dé-
licieuse.

— Diable de dénoûment! murmure
Picard à l'oreille de Samson. Bien certainement il nous jouera quelque mau-
vais tour!

— Mais, vous voyez, cher maître, il
passe.

— Oui, à la lecture. Enfin, au petit
bonheur! Portez vos trois actes au comité.

Le comité se rassemble.

Samson lit son nouvel ouvrage, et
l'enthousiasme est au comble.

On congratule l'auteur, on l'embrasse.

Auger, secrétaire perpétuel de l'Aca-
démie française, est au nombre des juges. Il invite à dîner Samson, lui fait
lire sa pièce au dessert en présence de
quinze académiciens, et les félicitations
pleuvent, la louange est unanime.

— Eh bien! cher maître, on continue
d'approuver le dénoûment. Peut-être

nous trompons-nous ? hasarde Samson,
revenant chez Picard.

—Ta ! ta ! fait l'auteur de *la Petite ville.*
On n'a pas blanchi comme moi dans le
métier, sans avoir le tact de certaines
choses et sans pressentir son public.
Avant tout, mon garçon, l'écrivain doit
être honnête. Il n'y a de moi dans votre
œuvre que le dénoûment. Je tremble de
vous avoir fait là un vilain cadeau.

— Par exemple ! s'écrie Samson.

—Ah ! c'est comme je vous le dis. Je
n'y mets point d'amour-propre. Savez-
vous ce que vous devriez faire ?

— Non.

— J'irais, à votre place, rendre visite à Scribe. C'est un homme d'un esprit très-fécond en ressources. Il a beau-

coup plus que moi la science de la fi-
celle, et peut-être vous tirera-t-il de
peine [1].

— Mais, cher maître, je ne connais
pas Scribe.

— Allons donc! Et votre ami Perlet,
Vous oubliez que le vaudevilliste lui doit
ses plus beaux triomphes.

Effectivement, à cette époque, Perlet
jouissait au Gymnase de tout l'éclat de
sa vogue. Il conduisit le lendemain chez

[1] Tous ces détails, dont nous garantissons la parfaite authenticité, sont une preuve de plus du loyal et
consciencieux caractère de Picard. Ayant lui-même
tant de motifs d'orgueil, et chargé d'un si noble bagage
dramatique, il se mettait au-dessous d'Andrieux
comme style, et au-dessous de Scribe comme char-
pente. Trouvez, de nos jours, une pareille modestie.
Le premier cretin venu, parmi les gens de lettres, se
croit supérieur à Victor Hugo.

Scribe son ancien frère-d'armés au Conservatoire.

— Je vous présente, lui dit-il, mon
meilleur et mon plus vieil ami. Très-in-
cessamment il doit débuter à la Comédie-
Française; et je vous affirme qu'il est
destiné à vous rendre là, quelque jour,
plus de services que vous n'en attendez
de moi sur le théâtre Bonne-Nouvelle.

La prophétie de Perlet s'est réalisée.

Scribe examine le dénoûment de
Samson, n'y trouve rien à changer, et
lui indique seulement quelques prépara-
tions qui doivent amener la péripétie
d'une manière plus naturelle et moins
brusque.

— Diable! diable! dit Picard, c'est

déjà quelque chose, mais ce n'est pas
tout! J'ai peur de la représentation.

Trois semaines s'écoulent. L'affiche
du second Théâtre-Français annonce
la Belle-Mère et le Gendre. Une réunion
brillante encombre les galeries et les
loges. On a vanté partout le mérite de
l'œuvre.

La pièce est chaleureusement applau-
die jusqu'à la fin du troisième acte.

Mais tout à coup les bravos cessent,
le rire s'arrête, et des sifflets retentissent
jusqu'au baisser de la toile.

— Hélas! je l'avais bien dit, murmure
Picard au fond de sa loge : cette pièce
est un oiseau qui a des ailes et qui n'a
point de queue!

Cependant, une fois les marques de

désapprobation données, le public de
l'Odéon se remet à applaudir avec énergie, comme pour dire à l'auteur :

« Votre ouvrage m'a fait grand plaisir,
sauf le dénoûment dont je ne veux pas.
Changez-le. »

Samson désespéré passe la nuit à re-
voir cette fin d'acte malheureuse et à y
opérer des coupures. Il s'imagine que
trop de préparation ne sert qu'à fixer
l'attention du public sur la faiblesse du
moyen employé.

Biffant tout ce que Scribe lui a fait
écrire en surplus, il rétablit, à la seconde
représentation, le dénoûment primitif et
brusque.

Mais l'accueil des spectateurs est le
même que la veille : bravos très-nour-

ris-jusqu'à l'endroit fatal, et sifflets au
bout:

Notre pauvre auteur passe une seconde
nuit blanche.

A six heures du matin, on frappe à
sa porte. Il ouvre, et se trouve en présence de MM. Alfred et Gustave de
Wailly.

Ces amis généreux lui apportent chacun un dénoûment.

Samson lui-même en a fait un troisième. A force de se creuser la tête
dans sa veille laborieuse, il s'est remé-
moré la première scène de l'ouvrage et
a trouvé dans un vers l'idée d'une péripétie qui lui paraît être le salut de la
pièce.

On porte les trois dénoûments neufs à Picard, qui donne la préférence à celui de Samson [1] et s'écrie :

— Maintenant l'oiseau a une queue ! Laissez faire, on ne l'arrêtera plus dans son vol.

Il disait vrai. La pièce, à partir de ce jour, marcha sans encombre [2].

La Belle-Mère et le Gendre n'appartient plus au répertoire de l'Odéon.

---

[1] Il fallut écrire en quelques heures cette nouvelle fin d'acte. MM. Gustave et Alfred de Wailly offrirent leur plume à l'auteur et se partagèrent la besogne avec lui. Beaucoup de leurs vers sont restés.

[2] Ami de l'auteur, Provost déploya dans son rôle toute la verve de son beau talent et tout le zèle de l'amitié. La belle-mère était parfaitement rendue par madame Milen, sœur de la célèbre Minette du Vaudeville, et Duparny se distingua dans le rôle de Duchemin par son originalité comique.

Cette magnifique étude de mœurs a demandé et obtenu de la Comédie-Française une hospitalité glorieuse.

En même temps que sa destinée comme écrivain se jouait de l'autre côté de la Seine, notre acteur-auteur débutait rue Richelieu par le *Barbier de Séville*, Dubois des *Fausses Confidences*, Hector du *Joueur*, Sosie d'*Amphitryon* et Figaro de *la Mère coupable*.

Il eût été reçu tout d'abord avec le titre de sociétaire, si les règlements n'y eussent mis obstacle.

On l'accueillit au nombre des pensionnaires; mais un vote exceptionnel du comité fixa son admission à l'année suivante.

C'était un engagement d'honneur, il fut religieusement tenu.

Le 1er avril 1827, Samson est attaché à la Comédie-Française d'une manière irrévocable.

Tout le monde prend à cœur de le servir, depuis le baron Taylor, son ancien condisciple de Belleville, nommé commissaire royal, jusqu'à Michelot, le savant professeur, qui, après l'avoir initié aux secrets de sa science, lui procure des élèves et lui avance l'argent nécessaire à l'achat de ses costumes.

Moins d'une année après, Samson est élu membre du comité de lecture.

Ses nouvelles fonctions le mettent en rapport avec beaucoup d'auteurs, notamment avec celui qui devait acquérir

plus tard une renommée si incroyable
par des moyens que l'honneur des lettres réprouvera toujours.

Nous sommes en 1827.

La Comédie-Française vient de con-
voquer son comité de lecture, et Samson voit paraître un grand jeune homme
a la face noire, aux cheveux crépus.

C'est M. Alexandre Dumas.

Il ne jouit, à cette époque, d'aucune
espèce de notoriété. Sa contenance est
humble; il salue d'un air gauche, porte
les yeux autour de lui avec une sorte
d'épouvante, et dépose en tremblant sur
la table verte, chargée du pupitre et du
verre d'eau sucrée traditionnel, le manuscrit de *Christine à Fontainebleau*.

— Courage ! lui dit Samson, qui prend

pitié de son embarras. Il faut de l'assurance pour bien lire. Ne craignez rien,
nous sommes entre amis.

Alexandre lui jette un regard plein de
gratitude, ouvre les feuillets de son manuscrit, et commence la lecture de
Christine, d'une voix assez ferme.

Dès le début, Samson est frappé du talent de l'auteur.

Il se rapproche pour mieux entendre,
et montre, en écoutant le jeune homme,
un intérêt que celui-ci remarque avec
joie et qui contribue à chasser entière-
ment sa timidité.

La lecture s'achève.

On passe au vote; le drame en vers
est reçu à corrections.

— Vous êtes bien rigoureux, dit à ses

collègues l'auteur de la *Fête de Molière*.
Il y a dans cette pièce un talent véritable.
Elle méritait une réception franche et
définitive.

Sorti pendant le vote, Alexandre Dumas est rappelé. On lui annonce le des-
tin de son œuvre. Il s'incline et prie
les sociétaires de lui permettre de s'entendre avec M. Samson pour les chan-
gements demandés.

Le timide jeune homme a pris l'air du
bureau. Déjà la finesse et la diplomatie
s'en mêlent.

Avec l'empressement le plus cordial et
la meilleure grâce du monde, Samson
déclare qu'il est prêt à aider M. Dumas
de ses conseils et de son expérience [1].

[1] Ce drame n'était point alors ce qu'il est devenu à

Peu de temps après, une seconde lecture est accordée. La pièce est définitivement reçue.

Samson conduit l'auteur à mademoiselle Mars, et décide l'illustre comédienne à jouer le rôle principal.

Une seconde *Christine* est lue sur les entrefaites.

Elle est l'œuvre d'un M. Brault, qui a dans le comité beaucoup d'amis. On reçoit sa pièce, et voilà le Théâtre-Français avec deux *Christine* dans ses cartons.

Alexandre Dumas réclame la priorité pour son œuvre; Samson l'appuie dans cette juste requête.

l'Odéon. La scène se passait uniquement dans les murs du château de Fontainebleau; l'épisode de Paula n'existait point; il n'y avait ni prologue ni épilogue.

Mais tout à coup le père de la seconde pièce s'avise de mourir.

Ses héritiers et sa veuve supplient la Comédie-Française de vouloir bien couronner d'un succès littéraire la tombe du défunt. On s'attendrit, les larmes coulent; on jure à Dumas de lui recevoir un autre drame, et la *Christine* de M. Brault [1], livrée au jugement du parterre, ne porte chez les ombres qu'une gloire douteuse à son auteur.

Il s'agissait d'obtenir du comité la réalisation de la promesse faite à Alexandre Dumas.

Samson presse, insiste, et double son influence de celle de Firmin pour obte-

_____

[1] Le rôle, au lieu d'être joué par mademoiselle Mars, fut confié à mademoiselle Valmonzey.

nir justice à son protégé. Celui-ci va lire
le manuscrit de *Henri III* aux deux sociétaires qui soutiennent si chaleureusement sa cause.

On lui indique d'excellentes modifica-
tions, et le nouveau drame, soumis au
comité, obtient une majorité de boules
blanches.

Il fallait voir M. Dumas alors.

Que de paroles amicales! que de re-
merciments! que de protestations! que
de marques de confiance!

On lui demande son avis pour la mise
en scène.

— Eh! s'écrie-t-il, arrangez cela,
vous vous y entendez mieux que moi.

— C'est singulier comme ce jeune

homme est modeste! disent les sociétaires.

— Patience! patience! réplique la femme de l'un d'eux, présente aux répétitions. Si sa pièce a un grand succès, vous verrez, il sera pire que les autres.

Le drame de *Henri III* eut un succès colossal.

Et l'auteur, en écrivant, de nos jours, ses véridiques et sublimes Mémoires, n'a pas dit un mot de son *excellent ami* Samson, de son *cher protecteur* Samson; de Samson, dont il pressait les mains en s'écriant : *Je vous dois tout!* de Samson, à la porte duquel il allait frapper à chaque minute, et qui lui a donné tant de preuves de dévouement et de bienveillance.

Il y a des gens dont l'esprit ne se trouve jamais à côté du cœur.

Après la révolution de 1830, il y eut à la Comédie-Française un moment d'anarchie complète : c'était l'époque de l'invasion des romantiques.

Samson n'a pour ces derniers qu'une sympathie médiocre.

Les annales de la *Société philotechnique*, ouvertes sous nos yeux, contiennent certaines récriminations amères, qui montrent le peu d'estime de notre héros pour l'école nouvelle, tout en donnant la preuve de son talent comme versificateur.

Nous y trouvons le passage suivant:

Des poétiques cieux vivent les futurs aigles!
Les règles nous gênaient, nous proscrivons les règles.

Copiant sans relâche un ennuyeux passé,
L'esprit humain rampait, dans l'ornière enfoncé.
Que le génie enfin n'ait que lui seul pour maître,
Et, les règles à bas, les chefs-d'œuvre vont naître.

. . . .

Où nous ont-ils conduits, ces discoureurs subtils ?
Les règles ne sont plus : les chefs-d'œuvre où sont-ils ?

Ici nous pourrions chercher noise à
l'auteur satirique ; mais une bataille de
plume avec Samson ne pourrait avoir
lieu que sur le terrain consacré à sa
biographie : nous préférons nous abs-
tenir.

En voyant le désordre administratif
se glisser rue Richelieu, notre sociétaire
essaya de le combattre. Il y perdit son
temps et ses peines.

[1] Nous croyons que ces vers font partie d'un remarquable poëme sur *l'Art du Comédien,* que Samson doit publier incessamment.

Désespérant de la Comédie-Française, il donna sa démission et s'engagea au théâtre du Palais-Royal, que M. Dormeuil commençait à diriger.

Samson y créa Dikson, du *Comte de Saint-Ronan*; Goberjot, du *Philtre champenois*; Carlin, des *Deux Novices*; Boulin, de la *Fille Unique*, et Rabelais, du vaudeville de ce nom.

Mais la scène française n'était pas d'humeur à se priver à tout jamais d'un talent aussi remarquable.

Elle envoya du papier timbré au fugitif.

Les tribunaux vidèrent le différend, et Samson reprit son titre de sociétaire par arrêt de la cour. Il ne resta que six ou sept mois chez M. Dormeuil.

Depuis cette époque, il n'est plus sorti du premier de nos théâtres.

Vingt-huit années bientôt de succès constants et de justes triomphes illustrent cette noble carrière d'artiste.

Après *la Belle-Mère et le Gendre*, Samson a continué d'écrire pour la scène.

On lui doit nombre de pièces conçues dans le genre exclusivement classique, mais qui n'en pétillent pas moins d'esprit et de verve. Nous citerons le vaudeville du *Péché de jeunesse*, la comédie du *Voutage*, le drame de *l'Alcade de Zalaméa* [1], et *la Famille Poisson* représentée, en 1849, sur le théâtre de la rue Richelieu.

---

[1] M. Jules de Wailly est collaborateur de Samson pour cette pièce et pour *le Péché de jeunesse*.

Cette dernière pièce [1], où Samson
joua, comme dans *le Veuvage*, en-
fanta chaque soir un épisode curieux,
dont les habitués de l'orchestre peuvent
se souvenir.

Augustine Brohan, la sémillante sou-
brette, possédait alors le cœur d'un
poëte connu.

Toutes les fois qu'elle entrait en scène
dans *la Famille Poisson*, elle cherchait
de l'œil son adorateur, au fond de l'une
de ces petites loges du rez-de-chaussée
que la rampe surplombe, et manquait
rarement de le trouver assoupi.

Or, ce sommeil, dont elle connaissait
la cause, paraissait lui déplaire.

[1] Le rôle de Raymond Poisson a été admirable-
ment rendu par Provost.

6

Elle se rapprochait autant que possible du dormeur, le réveillait par son
jeu bruyant et lui adressait ce passage
de son rôle :

> Mais de trop boire il a pris l'habitude
> Cela dégrade un homme comme il faut.
> J'emploie en vain mes soins et mon étude
> A te guérir de ce petit défaut.

Ninon, malgré toute la puissance de
son esprit et de ses charmes, n'a jamais
pu corriger Chapelle.

Après *la Famille Poisson*, trois autres
pièces de Samson furent proposées au
théâtre. La première est *Foscari*, tragédie en cinq actes et en vers, reçue et
endormie depuis une éternité dans les
cartons ; la seconde a pour titre *Père et*
Savant (elle doit dans peu être mise à

l'étude); la troisième est cette fameuse
Aspasie dont le comité n'a pas voulu
pour mademoiselle Rachel.

Nous craignons que les sociétaires,
lorsqu'il s'agit des œuvres de Samson,
ne cèdent parfois à un sentiment de ja-
lousie mesquine.

L'intrigue règne partout en ce
monde.

A la Comédie-Française, il faut bien
le dire, on remplace, de temps à autre,
la loyauté du jugement par la rancune
et le caprice.

Dans la biographie de mademoiselle
Rachel, on a pu voir quels services im-
menses Samson rend à la tragédienne
comme professeur.

Beaucoup de personnes accusent

Hermione d'être ingrate. Fi donc !

Elle avait demandé ce rôle d'*Aspasie*.
C'était une manière indirecte de prouver
à Samson sa gratitude et de le faire entrer pour une faible part, sans bourse
délier, sans nuire à la caisse du théâtre,
dans le bénéfice des larges recettes que
les leçons du maître font produire à
l'élève.

Mais le comité déjoua cruellement
cette noble tentative de reconnaissance.

Rachel essaya de dédommager son
professeur. Elle apporta toute la bonne
grâce imaginable à organiser la représentation du 12 avril 1853, pour laquelle
mademoiselle Plessy revint tout exprès
de Saint-Pétersbourg.[1]

---

[1] Ce dernier fait est authentique. Jamais professeur

Hermione eût été en Russie, que bien
certainement elle n'eût pas hésité non
plus à faire huit cents lieues pour jouer
au bénéfice de Samson.

Et si, par hasard, en ce qui la concerne,
on vous affirme l'opposé de tout ce que
nous venons de dire... ma foi, croyez-en
ce qu'il vous plaira !

Le ministre nomma, dès l'année 1829,
l'illustre comédien, professeur suppléant
au Conservatoire.

Samson devint, en 1836, professeur
titulaire.

Il a formé toute une pléiade d'élèves.
Sans parler de Berton du Gymnase, qui
est aujourd'hui son gendre ; de Rachel

ne reçut de son élève une marque plus éclatante d'atta-
chement et d'estime.

sa plus brillante étoile ; de madame
Arnoûld-Plessy[1], que les Cosaques nous
rendront peut-être un jour, nous lui
devons Augustine et Madeleine Brohan ;
mesdames Rose Chéri et Guyon ; mes-
demoiselles Denain, Bonval, Fernand et
Dubois, cette gentille ingénue de seize
ans qui s'est révélée dans *lady Tar-*
tufe.

Riché, jeune acteur plein d'espérance,
enlevé par le choléra au Théâtre-Français, avait eu Samson pour maître.

Tous les talents que celui-ci n'a pas
dirigés d'abord viennent lui demander
leur perfectionnement. Mme Dorval ,

---

[1] Mademoiselle Mars disait : « —Il y a une chose que
je ne pardonnerai jamais à Samson, c'est d'avoir jeté
mademoiselle Plessy sur ma route. »

Mlle Nathalie et Mlle Judith ont pris des leçons de notre habile professeur.

Il faut assister à ses classes [1] pour se rendre compte de l'admirable précision et de la clarté parfaite avec laquelle il enseigne les règles de son art. Toujours à la portée de ses élèves, il les conduit pas à pas et les mène graduellement aux régions supérieures de l'intelligence dramatique.

Samson a joué au Théâtre-Français dans deux cent quarante ouvrages de l'ancien et du nouveau répertoire.

Luttant sans cesse contre un organe rebelle, il a su le vaincre à force d'étude et de patience; il le façonne, il le plie

[1] Elles ont lieu de dix heures à midi, au Conservatoire, tous les mardis et vendredis.

à ses rôles; il change un défaut physique en une originale et précieuse qualité:

Jamais acteur n'a mieux tenu les planches.

Son geste est sobre, son jeu plein de
finesse. Il lance le mot avec un aplomb
remarquable, avec une sûreté constante.
L'effet se produit comme il veut le produire, sans gêne, sans effort. Sérieux et
comique tour à tour, il a dans son talent
mille nuances délicates, mille ressources
cachées; toutes les combinaisons de
l'art lui sont connues. Il s'identifie avec
le personnage et fond en quelque sorte
son âme dans ses rôles, pour donner plus
sûrement à un caractère le cachet de la
vérité, le prestige du beau, la force de
la nature.

Il nous serait impossible de publier ici la liste complète de ses créations à la Comédie-Française, depuis 1826 jusqu'à nos jours.

Nous nous bornerons à indiquer les principales.

Samson a créé :

Laurent, dans l'*Agiotage*; Béranger, dans *Une Aventure au temps de Charles V*; Martigny, dans *Louis XI à Péronne*; Joyeuse, dans *Henri III et sa Cour*; Durand, dans le *Complot de famille*; Dupuis, dans le *Mariage d'amour*; Joseph, dans *Clotilde*; Beaugrand, dans le *Bon Garçon*; Olivier-le-Dain, dans *Louis XI*; Bertrand de Rantzau, dans *Bertrand et Raton*; Desrosoirs, dans la *Passion secrète*;

Don Quexada, dans *Don Juan d'Autriche;* Marco, dans une *Famille au temps de Luther;* le chevalier de Grantois, dans le *Procès criminel;* le commandeur de Lonjumeau, dans la *Marquise de Senneterre;* Simon, dans la *Vieillesse d'un grand roi;* Préval, dans *Julie ou une Séparation;* Beauplan, dans *Faute de s'entendre;* Caverly, dans la *Popularité;* le docteur Claudius, dans *Latréaumont;* Coquenet, dans la *Calomnie;* Saint-Géran, dans *Une Chaîne;* Labranche, dans le *Conseiller rapporteur;* Saint-Laurent, dans l'*Héritière;* Thomassin, dans le *Gendre d'un millionnaire;* le pair de France, dans la *Camaraderie;* don Lopez, dans le *Guerrero;* Charles-Quint, dans les *Contes de*

la reine de Navarre; Maître André,
dans le *Chandelier*; Tamponet, dans
Gabrielle; Dubreuil, dans les *Deux Cé-
libats*; le maréchal Destigny, dans *Lady
Tartuffe*; et Duverdier, dans les *Lundis
de Madame*.

Mais son plus magnifique et son plus
récent triomphe, est le rôle du marquis
de la Seiglière.

Depuis Bertrand de Rantzau, le célèbre acteur n'avait pas eu l'occasion de
déployer plus à l'aise, et dans une pièce
mieux faite, toute sa verve piquante
comme réplique, toute sa science comme
tenue; toute son originalité comme jeu.

Voilà du moins un vrai marquis, un
marquis modèle, sorti de la tombe de
la restauration, tout culotté, tout pou-

dré, tout grouillant d'orgueil aristocra-
tique!

La Seiglière est un portrait de famille descendu de son cadre.

On n'est pas plus ancien régime des
pieds à la tête que ne l'est Samson
dans la charmante comédie de M. Jules
Sandeau.

Mais nous avons suffisamment parlé
de l'acteur.

A peine s'il nous reste assez de place
pour dire ce que nous savons sur
l'homme.

Samson est un esprit d'une distinction
rare, une nature de vieille souche, fine,
délicate, rusée, qui devine tous les piéges
et qui jamais ne trébuche dans cette ré-
gion des coulisses, semée de chausse-

trapes sans nombre et de casse-cous éternels.

Il est bon, généreux, rempli de bienveillance; mais il devient hautain, dur, impitoyable, lorsqu'on attaque ses droits, ou lorsqu'il est victime de quelque intrigue.

Son intérieur est patriarcal.

Madame Samson, femme d'un tact exquis et d'une merveilleuse bonté, entoure son mari de soins et de prévenances. Elle a depuis longtemps quitté le théâtre pour ne s'occuper que du bonheur des siens.

Rachel a trouvé dans cette maison l'accueil le plus désintéressé, le dévouement le plus absolu, l'affection la plus tendre.

Madame Samson et ses filles [1] ont été
pour elle une mère et des sœurs. Elle a
reçu là des leçons de tenue, de goût, de
tact et de décence, dont son éducation
première ne se doutait en aucune sorte.

Quand Hermione passe rue Chaban-
nais, dans son élégant coupé aux moel-
leux coussins de velours, elle peut lever
la tête, regarder le troisième étage de la
maison n° 14, et dire :

— De là haut me sont descendues fortune et gloire.

En été, notre illustre acteur transporte
ses pénates à Charenton-le-Pont, dans

[1] L'une d'elles, madame Berton, mariée à l'excellent
artiste que le public applaudit au Gymnase, a tout l'esprit de son père. Le théâtre doit à madame Berton de
gracieux et fins proverbes.

une modeste villa, où toute la famille,
enfants et petits-enfants, s'abrite sous de
hauts ombrages.

L'histoire de Samson rentre dans
celle de Taylor, au chapitre du dévouement. On l'a vu sans cesse à la droite du
baron philanthrope, infatigable comme
lui, comme lui toujours prêt à sacrifier
son intérêt personnel à l'intérêt commun.

Au mois de février 1848, plusieurs comédiens, très-foncés en couleur, vin-
rent trouver Samson, et lui proposèrent
de le porter à la présidence du comité
des artistes dramatiques.

— Nous ne voulons plus de Taylor!
s'écrièrent-ils. C'est une créature du
gouvernement déchu. Les élections arri-
vent, nous voterons pour vous !

— Messieurs, répondit Samson, je ne serai jamais président d'une société d'ingrats.

Les séances du comité avaient lieu dans les salons mêmes du baron Taylor. Nos révolutionnaires y accoururent en masse, Frédérick Lemaître à leur tête.

Dieu sait quelles harangues on débita!

Frédérick avait entraîné Bignon dans ce mouvement aussi insensé que démocratique, Bignon le plus doux des comédiens, la meilleure pâte d'artiste qui soit au monde.

Jugez un peu!

Bignon fut, ce jour-là, presque féroce.

— Allons, gros agneau, frappe-toi la poitrine, et n'en parlons plus!

Frédérick Lemaître, avec cette pose,

ce geste et cette voix que vous lui con-
naissez tous, entame un exorde terrible et reproche aux membres du
comité leur administration vicieuse. Les
dignitaires tremblent; ils ne savent
que répondre à ce Danton nouveau, qui
les menace d'un 93 de coulisses.

Tout à coup la porte s'ouvre et Samson
paraît.

— C'est Dieu qui vous envoie, mur-
murent ses collègues.

Frédérick en était à sa péroraison.

— Vous avez humilié les comédiens !
s'écriait-il, vous les avez déshonorés !
vous leur avez fait l'aumône !

— Oui ! oui ! l'aumône ! répétait en
chœur la troupe rubiconde.

Samson se lève, digne et calme.

7

Dans un résumé rapide, plein de sagesse et de convenance, il passe en revue les travaux administratifs du comité, rappelle le nombre des secours accordés aux artistes pauvres depuis l'origine de l'association, et s'écrie :

« — Oui, Messieurs, oui nous avons fait l'aumône! c'est là notre plus beau titre de gloire. Ceux d'entre vous que le malheur a frappés, ceux que la misère a pu atteindre, ont constamment ici trouvé nos mains ouvertes. Nous avions le mot de *Fraternité* écrit dans nos cœurs, avant que l'idée ne vous vint de l'écrire comme devise sur votre drapeau! »

Frédérick Lemaître fut littéralement écrasé par cette improvisation éloquente. Il baissa la tête, et Bignon pleura.

Les membres du comité pressaient les mains de Samson. Ils lui disaient :

— Merci ! merci ! vous êtes notre Lamartine !

Au club du passage Jouffroy, où, quelque temps après, recommencèrent les attaques, Samson défendit sa cause et celle de ses collègues avec le même courage et la même puissance. Jamais ses adversaires ne luttent contre sa logique ferme, serrée, vigoureuse.

Il a, comme M. Louis Lurine, la parole facile, nette, élégante, la saillie prompte, le trait incisif et mordant.

Samson est le Démosthène des artistes dramatiques.

M. Louis Lurine est le Cicéron des gens de lettres.

Les clubistes du passage Jouffroy,
vaincus par le talent oratoire de notre
héros, devinrent tout à coup ses admi-
rateurs enthousiastes et voulurent rassembler sur sa tête les votes des cinq
associations pour le porter à la cons-
tituante.

Samson leur fit un long discours où
il déclinait complétement cet honneur.

«—Croyez-moi, leur dit-il, n'envoyez
pas de comédiens à la Chambre. Ils ont
déjà fait trop de sottises sous la première
république. Je suis pauvre, j'ai des
charges de famille ; mes honoraires
comme député ne suffiraient pas à mes
besoins, et je serais toujours obligé de
monter sur les planches. Que deviendrait,
je vous le demande, ma dignité de légis-

lateur? Voyez-vous le public siffler un de vos représentants? »

« — Oh!... non... ! C'est impossible ! fit-on dans l'assemblée.

« — Je conviens, reprit Samson, que cela ne m'est point encore arrivé à la Co-médie-Française; mais cela m'arriverait à coup sûr, si j'acceptais vos offres. Et puis... mais non, je ne veux pas vous dire cela. »

— Qu'est-ce donc?.. Parlez! s'écria-t-on de toutes parts.

« — Au fait, si !... je veux vous le dire, s'écria résolûment l'orateur. Il faut de la franchise à l'époque où nous sommes, et j'en aurai : Messieurs, je ne suis pas républicain ! »

Nous assistions à cette étrange séance,

et jamais nous n'avons vu pareil effet
produit.

Excepté pourtant au Vaudeville, un
soir où l'on jouait *la Propriété c'est le
vol.*

Un sifflet, un seul, venait de se faire
entendre dans la salle.

Du balcon où il se trouvait assis, un
monsieur se leva, salua poliment tous les
spectateurs, et demanda d'un air de sur-
prise fort grande :

« — Est-ce que, par hasard, il y aurait un républicain ici? »

Le vaudeville manqua de crouler sous
les bravos. Il en fut absolument de même au cercle du passage Jouffroy.

Samson a des antagonistes parmi ses

confrères. A force de taquineries et de
déboires, ils peuvent le contraindre à se
démettre des fonctions de vice-président
du comité, qu'il exerce depuis quatorze
ans ; mais ils ne lui ôtent ni sa renommée, ni son mérite, ni son éloquence,
ni le souvenir des services rendus.

La prochaine assemblée générale va
bientôt leur en donner la preuve.

En terminant cette biographie, nous
serions coupable de ne pas dire quelle
activité prodigieuse déploya Samson,
lorsqu'il s'agit, en 1838, d'élever un
monument à la mémoire de Molière.

Voyant que la souscription ne mar-
chait pas assez vite, il contribua à organiser une représentation extraordinaire
à la Comédie-Française.

Il y eut dix-huit mille francs de recette. La statue de Molière fut commandée.

Lorsqu'on l'inaugura, Samson fit un magnifique discours, et les nombreux auditeurs présents à la solennité peuvent se rappeler ce passage :

« Sa vie (la vie de Molière) avait été brillante et douloureuse; sa mort fut outragée. Pourquoi? Vous le savez, messieurs, et je ne veux point le dire. Avant Molière, Shakspeare avait été comédien : singulière ressemblance entre ces deux grands penseurs! éclatant honneur pour un art difficile, auquel un préjugé barbare a trop souvent fait expier ses triomphes! Mais Shakspeare ne fut point privé des honneurs funèbres, mais Garrick a été conduit à Westminster parmi les tombes royales, et Molière, le grand poëte de France... Oserai-je poursuivre, messieurs? oserai-je vous rappeler qu'à la place même où nous

sommes, de grossières clameurs insultèrent
sa mémoire. Ces lieux, vous le savez, sont tout
empreints du souvenir de ce grand homme.
Nous voyons la maison où il vint achever de
mourir; car la mort lui avait porté ses premiers coups au milieu des rires du théâtre.
Là, ses restes attendirent, pendant sept jours
entiers, une sépulture qu'ils n'eussent point
obtenue sans l'intervention de la toute-puis-
sance royale, toujours fidèle à Molière. Et
quand l'illustre mort, partit enfin pour sa
dernière demeure, ce fut la nuit, à la lueur
pâle des flambeaux, dans un honteux silence.
Pas un hymne pieux, pas un temple pour la
cendre de ce juste, sur laquelle l'anathème
était lancé, au nom du Dieu qui pardonne,
par des hommes qui n'ont jamais pardonné!»

Samson, cœur droit, intelligence d'é-
lite, âme sensible, esprit certain de sa
valeur, a souffert plus qu'un autre, et
souffre encore de cet inconcevable et
ridicule préjugé, fils des siècles qui ne

sont plus, et que Rome, depuis longtemps, aurait dû proscrire.

Jadis, l'Église a lancé l'excommuni-
cation contre les comédiens, voici pourquoi :

« Parce qu'ils mêlaient, dit une vieille
chronique, à leurs farces malhonnêtes,
des prêtres en étole et en surplis ; on
voyait souvent sur la scène un autel
chargé de croix et d'ornements ecclé-
siastiques, et les acteurs citaient des tex-
tes de l'Évangile pour les tourner en
dérision. »

De nos jours, le théâtre ne commet
aucun de ces sacriléges.

Le motif de la condamnation n'existe
plus, par conséquent la sentence doit
être déchirée.

Si vous ne priez pas sur la tombe des comédiens, vous ne devez prier ni sur la tombe des peintres, ni sur la tombe des statuaires, ni sur la tombe de tant d'autres, uniquement comme eux interprètes de l'art.

Vous ne devez pas surtout prier pour les auteurs, car ils font les rôles ; encore moins pour les spectateurs, car ils vont applaudir.

Vous ne devez prier pour personne.

FIN.

NOTE SUR L'AUTOGRAPHE.

M. Laugier, archiviste du Théâtre-Français, non content de mettre à notre disposition tout ce qui a pu nous éclairer sur l'histoire du doyen des sociétaires, a bien voulu donner à notre lithographe les quatre rimes ci-contre, écrites de la main de Samson, et qui servent de début au poëme dont nous avons parlé dans le cours de cette biographie.

———

De cet ouvrage qui l'oigtonique outrage,

Et la raison défend contre le préjugé,

Et doit briller du cœur une éternelle...

Près qui tous nos yeux la pensée attirant,

Et d'un cœur attendri fait chanter...

N'avait de tracer les cœurs d'avancer vers...

(signature)

www.ingramcontent.com/pod-product-compliance
Lightning Source LLC
Chambersburg PA
CBHW060634100426
42744CB00008B/1618